BEI GRIN MACHT SICH IHR WISSEN BEZAHLT

- Wir veröffentlichen Ihre Hausarbeit, Bachelor- und Masterarbeit

- Ihr eigenes eBook und Buch - weltweit in allen wichtigen Shops

- Verdienen Sie an jedem Verkauf

Jetzt bei www.GRIN.com hochladen und kostenlos publizieren

Bibliografische Information der Deutschen Nationalbibliothek:

Die Deutsche Bibliothek verzeichnet diese Publikation in der Deutschen Nationalbibliografie; detaillierte bibliografische Daten sind im Internet über http://dnb.d-nb.de/ abrufbar.

Dieses Werk sowie alle darin enthaltenen einzelnen Beiträge und Abbildungen sind urheberrechtlich geschützt. Jede Verwertung, die nicht ausdrücklich vom Urheberrechtsschutz zugelassen ist, bedarf der vorherigen Zustimmung des Verlages. Das gilt insbesondere für Vervielfältigungen, Bearbeitungen, Übersetzungen, Mikroverfilmungen, Auswertungen durch Datenbanken und für die Einspeicherung und Verarbeitung in elektronische Systeme. Alle Rechte, auch die des auszugsweisen Nachdrucks, der fotomechanischen Wiedergabe (einschließlich Mikrokopie) sowie der Auswertung durch Datenbanken oder ähnliche Einrichtungen, vorbehalten.

Impressum:

Copyright © 2018 GRIN Verlag
Druck und Bindung: Books on Demand GmbH, Norderstedt Germany
ISBN: 9783668690363

Dieses Buch bei GRIN:

https://www.grin.com/document/421206

Florian Lente

Analyse eines Zeitungsartikels nach der Methode der Objektiven Hermeneutik

GRIN Verlag

GRIN - Your knowledge has value

Der GRIN Verlag publiziert seit 1998 wissenschaftliche Arbeiten von Studenten, Hochschullehrern und anderen Akademikern als eBook und gedrucktes Buch. Die Verlagswebsite www.grin.com ist die ideale Plattform zur Veröffentlichung von Hausarbeiten, Abschlussarbeiten, wissenschaftlichen Aufsätzen, Dissertationen und Fachbüchern.

Besuchen Sie uns im Internet:

http://www.grin.com/

http://www.facebook.com/grincom

http://www.twitter.com/grin_com

Inhalt

Einleitung 2

2 Grundlage: Methodik - Objektive Hermeneutik 3

3 Analyse 4

4 Fazit 9

Literaturverzeichnis 10

Einleitung

Alex, Ötzi und der Libanesen-Jäger: Die Wahrheit über die Dortmunder Nordstadt oder eine sachliche Auseinandersetzung mit den vorherrschenden Vorurteilen über prekäre Verhältnisse im Ruhrgebiet. In dieser Hausarbeit wird mit der Methode der objektiven Hermeneutik der Gütegehalt eines Artikels der etablierten Zeitung „Die Zeit" gemessen, welcher aufgrund harscher und kritischer Aussagen im betroffenen Stadtteil Dortmund Wellen geschlagen hat.

Im öffentlichen Raum wird dem Artikel starke Einseitigkeit vorgeworfen. Der Artikel würde sich auch lediglich zwei Straßen in der Nordstadt fokussieren und die restliche Stadt ausblenden. Alles würde über einen Kamm geschert werden. Mit der objektiven Hermeneutik werden diese Hypothesen überprüft. Zunächst wird die Methode erläutert, um ihren Funktionsweise zu erklären. Anschließend wird der Artikel anhand prägnanter Stellen mit der Methode geprüft und die Ergebnisse präsentiert. Die Relevanz der Hausarbeit ergibt sich durch die angestrebte Sensibilisierung der Leser gegenüber kritischen Lesens von Zeitungsartikeln. Der Pressecodex, welcher als Wahrung der Berufsethik von JournalistenInnen fungiert, wird oftmals missachtet. Kritisch denkende LeserInnen ist es auferlegt, vergehen gegen den Kodex zu melden um zur Verbesserung der Pressequalität beizutragen (vgl. Pressecodex).

2 Grundlage: Methodik - Objektive Hermeneutik

Die „Objektive Hermeneutik" ist eine von Ulrich Oevermann entwickelte Interpretationsart von Texten, welche durch angelegte und im Folgendem erläuterte Prinzipien intersubjektiv geltend gemacht werden kann. Als Ziel soll eine „methodischen Kontrolle der wissenschaftlich empirischen Operation des Verstehens" (Wernet 2009, S. 11) erreicht werden, um beispielsweise sozialwissenschaftlichen Texten ein spezifisches Verständnis zu verleihen (vgl. Wernet, A. 2009, S. 11). Die Grundannahme der Methodik ist, dass sich eine Textförmigkeit der sozialen Wirklichkeit in Texten widerspiegelt. Wernet (2009) bezeichnet dies als Protokoll der Wirklichkeit und meint damit, dass unsere Prägung der sinnstrukturierten Welt sich in Texten wiederfinden lässt. Die „Objektive Hermeneutik" stellt dabei sein Handwerkszeug dar (vgl. Wernet 2009, S. 12). In einem Dreischritt wird eine Fallstrukturhypothese erstellt, welche im folgenden Verlauf durch neue Indizien vervollständigt, erweitert oder falsifiziert wird. Der Dreischritt beginnt mit dem Geschichtenerzählen. Hierbei wird der zu analysierende Text in einen fiktiven Alternativkontext gesetzt, der realistisch sein könnte. Wichtig dabei ist, dass der reale Kontext beim Geschichten bilden verlassen wird. Dies funktioniert logischerweise besonders gut, wenn der reale Kontext noch gar nicht bekannt ist. Möglichst verschiedene Alternativkontexte lassen Gemeinsamkeiten und Differenzen erkennen. Diese werden als Lesarten gehandelt und bilden den zweiten Schritt. Über sie erlangt man Aufschluss über die fallungsspezifische Textbedeutung und es ergibt sich ein Charakter. Im dritten Schritt setzt man den Text zurück in den echten Kontext. Dabei trifft man auf die eigentliche Aussage des Textes und bildet dabei eine Fallstrukturhypothese, die zunächst unsere Vermutung, basierend auf unseren bisherigen Indizien, über die Lesart des Textes vertritt und im weiteren Verlauf als Maßstab gilt. (vgl. Wernet 2009, S. 39f).

Die „Objektive Hermeneutik" folgt fünf Prinzipien:

1. Kontextfreiheit: Da das Verstehen eines Textes oftmals stark durch den Kontext gelenkt wird, verzichtet man im ersten Schritt des Prozesses auf den Kontext um andere Interpretationen und Lesarten zuzulassen. Im späteren Verlauf ist der Kontext dennoch wichtig zum deuten des Textes.

2. Wörtlichkeit: Die Artikulation des Verfassers nimmt in der Wörtlichkeit Gestalt an und ist somit ein unabdingbares Prinzip der „Objektiven Hermeneutik"

3. Sequenzialität: Hierunter fällt das Einhalten der Reihenfolge, bei uns kulturell geprägt von links oben nach rechts unten. Diese Reihenfolge stellt allerdings kein unabdingbares Gesetz dar. Springt einem beispielsweise ein Bild ins Auge wird es nach

der Sequenzialität zuerst beäugt, da es relevant erscheint. Zusätzlich gibt es vor, bestimmte Sequenzen herauszusuchen und zu analysieren, welche relevant erscheinen die Fallstrukturhypothese zu erweitern, zu bestätigen oder zu falsifizieren. Das punktuelle analysieren beinhaltet die Kritik, nicht den ganzen Text zu würdigen.

4. Extensivität: Jegliche Anhaltspunkte, welche sich aus dem Artikel sowie den Bildern bei einer punktuellen Überprüfung ergeben, werden akribisch bis in kleinste Detail analysiert.

5. Sparsamkeit: Die Interpretation basiert nur auf vorzuweisenden Tatsachen. Dieses Prinzip kommt vor allem im ersten Schritt des Dreischritts zum Tragen. Beim Geschichten erzählen werden außergewöhnliche beziehungsweise weit hergeholte Kontexte außer Acht gelassen.

3 Analyse

Der zu analysierende Text ist ein Zeitungsartikel, welcher in der Zeitung „Zeit Online" am 03.05.2017 von den Autoren Nadine Ahr und Moritz Aisslinger verfasst wurde.

Sequenziell betrachtet sticht zunächst das Logo der Zeitung ins Auge. Auffallend ist hierbei vor allem das Wappen im Zentrum des Logos. Zu sehen ist ein alt wirkender Schlüssel, welcher vermutlich zum Öffnen eines großen Portals, einer Kirchen- oder Schlosstür verwendet wird. Seine altmodische Form wird zum einen durch seine wuchtige Größe als auch durch die alte Technik, welche ohne verschieden lange Zähne am Schlüsselschaft auskommt, erkannt. Links und rechts wird der Schlüssel von zwei auf zwei Beinen stehenden Löwen gerahmt, welche als Abbild eines mächtiges Raubtieres Ehrfurcht vermitteln. Darüber fixiert ist eine Krone zu finden, die auf altertümliche Herkunft königlicher Abstammung schließen lässt. Passend dazu befindet sich am Boden des Wappens als auch kreisrund um den Schlüssel herum ein Lorbeerkranz, welcher ebenfalls mit der königlichen Herrschaft, in diesem Fall das antike Rom und Julius Cäsar, verknüpft wird. Dadurch demonstriert das Wappen Größe und Macht. Darüber hinaus wirkt es sehr traditionell, pompös und beständig, da Wappen mit einer mittelalterlichen beziehungsweise königlichen Zeit assoziiert werden und auf Fahnen und Schilden getragen wurden. So wird geschlussfolgert, dass die Zeitung auf eine langjährige Erfahrung zurückblicken kann. Die Schriftart vereint das Traditionelle und die Moderne. Dies erkennt man an den klar und direkt abgebildeten Blockbuchstaben, welche auf einem modernen Design basieren und gleichzeitig aber Verschnörkelungen an den Linienenden wie bei einer kaligraphischen Machart beinhaltet, welche eher an eine traditionelle Schriftart erinnert. Die Schriftart wäre in einem alternativen Kontext gut auf einem Grabstein zu verorten. Die weiß eingelassenen Striche erscheinen wie ein „Glanzeffekt" und lässt die Buchstaben dreidimensional erscheinen, was einer in Stein gemeißelter Schrift sehr ähnlichsieht und auf Beständigkeit hinweist. Aufgrund der eben erhaltenen Fakten wird eine erste Fallstrukturhypothese entwickelt:

Der Artikel richtet sich an eine gehobene Leserschaft, da die Zeitung aufgrund ihrer Beständigkeit und langjährigen Erfahrung sich eine seriöse Leserschaft erarbeitet hat. Daraus folgt, dass der Artikel vermutlich gut recherchiert und sachlich formuliert sein wird.

Im nächsten Abschnitt wird die Dachzeile *No-Go-Areas* analysiert.

Die Dachzeile befindet sich oberhalb der Überschrift und ist in Anführungsstriche gesetzt. Grundlegend wird damit angenommen, dass es sich bei dem Inhalt der Anführungsstriche um ein Zitat, einem „Augenzwinkern" oder einem Eigennamen handelt. Die Begrifflichkeit „No-Go-Areas" deutet wortwörtlich auf ein Gebiet hin, welches man besser nicht aufsuchen sollte. Es stellt einen Anglizismus dar, der Örtlichkeiten wie beispielsweise die Bronx in New York meint. Synonyme wären beispielsweise „Sperrgebiet" oder „sozialer Brennpunkt". Ein Ort, bei dem man Angst haben muss ihn zu passieren. Selbst Polizisten trauen sich nicht in solche Viertel, da sie gemeinhin als gefährlich gelten. Darauffolgend wird erwartet, dass der betreffende Ort benannt und somit die aufgebaute Spannung gelöst wird. Was geschieht denn nun in dieser No-Go-Area? In Verbindung mit dem Logo werden weiterhin hohe Erwartungen auf den folgenden Text erweckt.

Anschließend folgt die Überschrift *Alex, Ötzi und der Libanesen-Jäger*.

Die Aneinanderreihung von Vor- beziehungsweise Spitznamen erinnert stark an einen Kinderbuchtitel wie beispielsweise „Robbi, Tobbi und das Fliwatüüt" (vgl. Tripp 1967) oder auch einem Comic wie „Asterix bei den Briten". Grundsätzlich hebt sich die Nennung von Vornamen von allgemeiner Berichterstattung ab. Vornamen werden gewöhnlich von Kindern und Jugendlichen untereinander genutzt. Des Weiteren werden in kleinen Ortschaften beziehungsweise Gemeinschaften wo man sich „untereinander kennt" Vornamen verwendet. Der Vorname Alex erinnert an Alexander den Großen. Ötzi ist ein untypischer Spitzname, der zunächst mit dem gefunden Steinzeitmenschenskelett Ötzi und seinen Namensvetter DJ Ötzi in Verbindung gebracht wird. Libanesenjäger erinnert an Schürzenjäger, einen Schnäppchenjäger oder auch an „Indiana Jones – Jäger des verlorenen Schatzes". Diese Jägerbegriffe sind alle positiv besetzt und speziell der letzte lässt wieder auf die Lesart Roman schließen. Eine negative Auslegung des Jägerbegriffes wäre zum Beispiel Kopfgeldjäger mit Spezialisierung auf libanesische MitbürgerInnen. Diese Auslegung ist naheliegender, da durch die Verknüpfung einer Jagd und einer ethnischen Herkunft ein rassistisches Motiv entsteht. Gemeinhin jagt der Jäger den Begriff der vor dem Wort Jäger steht. Angenommen der Libanesenjäger jagt tatsächlich Libanesen, wurde ihm dieser Titel wahrscheinlich verliehen. Entweder aus Furcht von den Gejagten oder aus Anerkennung von seinen Mitstreitern. Wie ein Bösewicht in einem Roman dem ein Titel verliehen wurde. Die Fallstrukturhypothese des gut recherchierten und sachlichen Inhalts kann in der Überschrift also nicht bestätigt werden. Stattdessen wird durch die infantile romanhafte Überschrift, in einer seriösen Zeitung, eine ironische Brechung deutlich.

Als Angela Merkel von "No-Go-Areas" in Nordrhein-Westfalen sprach, meinte sie Viertel wie die Dortmunder Nordstadt:
Die Person Angela Merkel wird von den Autoren nicht erklärt, was grundsätzlich auf eine erfahrene Leserschaft mit grundlegenden Politikverständnis schließen lässt. Diese Annahme läuft konform mit unserer Lesart eines qualitativ hochwertigen Textes, der sich an eine gehobene und seriöse Leserschaft wendet. Der Begriff „No-Go-Areas" wird erneut wie in der Dachzeile verwendet und ist ein Anglizismus. Er wird aufgrund der Anführungsstriche als Zitat oder Augenzwinkern verstanden. Die Verbindung der Begriffe No-Go-Areas und NRW suggeriert einen Notstand. In NRW gibt es also Bereiche welche man stark meiden sollte, da sie gefährlich sind. Dies ist eine absichtlich zugespitzte Darstellung. Des Weiteren sprach Angela Merkel generell über No-Go-Areas in NRW, die Autoren nutzen dies und zentrieren Frau Merkels Aussage auf die Dortmunder Nordstadt. Ob sie wirklich Stadtteile wie die Dortmunder Nordstadt meinte bleibt offen. Zudem wählen die Autoren den Begriff Viertel. Dieser erinnert an Gangs und Bandenkriminalität, ist umgangssprachlich und befindet sich auf einer kulturellen Ebene. Stattdessen wäre Stadtteil neutraler, impliziert aber auch eine gewisse Größe und verortet sich in der Amtssprache. Bezirk folgt ebenfalls diesem Sprachjargon und verweist auch auf einen größeren Bereich. Block deutet hingegen auf einen kleineren Bereich hin, welcher klar eingegrenzt ist. Quartier gehört zur Fachsprache und ist militärisch verortet. Die Wahl von Viertel impliziert also eine negative Konnotation und versucht in Verbindung mit den gefährlichen No-Go-Areas Ängste zu schüren. Des Weiteren ist ein

Viertel nicht genau eingrenzbar. Während ein Stadtteil genaue Grenzen aufweist, welche bürokratisch festgelegt sind, ist der Rahmen eines Viertels subjektiv auslegbar. Eine genaue Einwohnerzahl für ein Viertel, welche im Folgenden noch genannt wird, kann also eigentlich gar nicht geliefert werden. Diese Einleitung ist schlichthin informell und weist keinerlei romanhafte Züge auf. Die Tendenz geht also eher in Richtung Reportage.

60.000 Menschen, 41.500 Migranten, 24 Prozent Arbeitslosenquote.
Die statistische Auflistung ist überwiegend informell und gleicht somit ebenfalls Reportage. Durch die Aneinanderreihung der Zahlen entsteht ein Vergleich, bei der die Migrantenanzahl als auch die Arbeitslosenquote als sehr hoch empfunden wird, da ca. Zweidrittel der Einwohner der Nordstadt Migranten sind. Diese Zahl ist verhältnismäßig sehr hoch und erzeugen beim Leser einen „Wow"-Effekt. Die verhältnismäßig hohen Zahlen sind jedem Laien bewusst. Es wird bewusstgemacht, dass es sich für lediglich einem Viertel um sehr viele Menschen handelt. Eine kleine Stadt verfügt in der Regel über ca. 40.000 Einwohner. Gleichzeitig wird eine Verbindung zwischen den Migranten und der Arbeitslosenquote hergestellt. Man schreibt automatisch den Migranten zu, nicht erwerbstätig zu sein. Das folgt der gleichen Lesart wie die No-Go-Areas. Es wird der Eindruck geweckt, dass die Nordstadt ein raues Pflaster ist, da verhältnismäßig viele MigrantenInnen und nicht Erwerbstätige dort leben. Zusätzlich hätte man auch die Quoten der dort lebenden Studierenden, Rentner und Alleinerziehenden angeben können, auf die bewusst verzichtet wurde und welche ein anderes Licht auf die Nordstadt werfen würde. Ebenso wird hinterfragt, weshalb hier der Begriff Menschen verwendet wurde und nicht etwa Einwohner. Der Begriff Einwohner wird eher als homogene Gruppe verstanden. Menschen, die als Gemeinsamkeit in einem Stadtteil leben und sich dadurch identifizieren. Menschen haben als Gemeinsamkeit lediglich das Dasein als Mensch. Dem Leser wird keine einheitliche Gruppe präsentiert.

Hört sich nicht gut an.
Dies bestätigt die negative Erwartung der Leserschaft, welche zuvor aufgeworfen wurde. Dieser Satz könnte ebenso in einer Rezension zu einem Musikstück stehen. Ein stellvertretender Satz könnte „Klingt schlecht" oder „Es gibt Besseres" sein. Die vom Verfasser wünschenswerten Emotionen werden dem Leser quasi aufgezwungen.

Aber was ist die Wirklichkeit hinter den Zahlen?
Dieser Satz wirft die Frage auf, ob die aufsehenerregende Einleitung lediglich so stark

polarisiert um die Leser zu provozieren und anschließend den Kurs beibehält, oder nach der Einleitung die aufgeworfene Polarisierung widerlegt wird. Stets nach dem Motto: jetzt räumen wir hier richtig mit Vorurteilen auf. Folgend würde man eine inhaltlich hochwertig recherchierte Reportage erwarten, welche die Vorurteile der Nordstadt als No-Go-Area widerlegt. Oder aber weiterhin die romanhafte Erzählung mit ironischer Brechung, welche stark tendenziell berichtet.

Im Folgenden werden die beiden Journalisten des Artikels genannt: *Nadine Ahr und Moritz Aisslinger*
Die Reporter sind beide fest Angestellte bei der Zeitung „Die Zeit".
Anschließend werden Zeit der Veröffentlichung und Editierung des Artikels genau benannt.

Anschließendes Foto

Quelle: Ahr/Aisslinger (2017)

Auf dem Bild ist ein Kiosk/Internet Café zusehen, das Bild wurde nachts aufgenommen und es sind mehrere Gestalten in kleinen Gruppen zu sehen, welche teilweise vermummt vor dem Kiosk stehen. Die Personen auf dem Bild wirken durch die geringe Helligkeit und durch die dunkle Kleidung lediglich wie eine Silhouette. Die Atmosphäre wirkt dunkel und düster. Das Haus bzw. die Fassade wirkt heruntergekommen und scheint nicht belebt zu sein. Speziell die Fenster über dem Kiosk lassen auf Grund fehlender

Dekoration auf Leerstand schließen. Des Weiteren ist die Kiosk Beleuchtung heruntergekommen, funktioniert größtenteils nicht. Als Fremde Person würde man diesen Ort vermutlich meiden. Das Bild bestätigt die Erwartungshaltung der Dachzeile mit Verweis auf die „No-Go-Areas". Das hier abgebildete Motiv könnte auch in der Bronx zu finden sein. Ein Bild von einem belebten Platz tagsüber mit Sonnenschein und blauem Himmel, hätte direkt eine ganz andere Wirkung auf den Leser. Das Bild unterstützt sehr stark die Überschrift und die Einleitung des Artikels. Es untermalt regelrecht die hervorgerufenen Emotionen, welche die Einleitung bereits versucht dem Leser zu entlocken.

4 Fazit

Der Artikel weist überwiegend einen romanhaften Erzählstil auf, bezieht sich allerdings dabei auf einen ernsthaften Inhalt. Dabei gibt es mehrfach ironische Brechungen, welche vermuten lassen, dass sich der Artikel in eine ernsthafte aufklärende Reportage hinüberläuft. Diese Erwartung bleibt allerdings aus. Die banale Erzählweise ist verwirrend für den Leser und lässt sich erst nach einer vielfachen Untersuchung bestätigen. Ich finde den Text anprangernd und diffamierend. Die in der Einleitung bereits erwähnten Vorwürfe können demnach von mir bestätigt werden. Die Verfasser reduzieren die Nordstadt auf die wenigen Orte an denen es viel Gewalt gibt und bauschen diesen Fakt auf um eine reißerische Story aufzubauen, die es bei gründlicher Recherche nicht geben würde. Ebenso andere kritische Leser wie beispielsweise norstadtblogger empfinden den hier vorliegenden Artikel als zu wertend geschrieben. Sie sagen, dass die Zeit „[…] zwar nicht die Unwahrheit geschrieben [hat], aber eine völlig eindimensionale Darstellung aus gerade mal zwei Straßen fabriziert, wo sie es dann noch schaffe, alle positiven Seiten und Facetten auszulassen, um das dann als Nordstadtreportage zu verkaufen" (Hering 2017).

Literaturverzeichnis

Ahr, N./Aisslinger, M. (2017, 3. Mai). Alex, Ötzi und der Libanesen-Jäger. Abgerufen am 12. Dezember 2017 von: http://www.zeit.de/2017/19/no-goareas-nrw-dortmund-nordstadt

Hering, B. (2017): Nordstadtblogger. Abgerufen am 18.01.2018: http://nordstadtblogger.de/gast-kommentar-journalisten-der-wochenzeitung-die-zeit-entwerfen-ein-dystopisches-bild-der-nordstadt/

Oevermann, U. (2002). Klinische Soziologie auf der Basis der Methodologie der objektiven Hermeneutik – Manifest der objektiv hermeneutischen Sozialforschung. Institut für hermeneutische Sozial- und Kulturforschung e. V. Abgerufen am 12. Dezember 2017 von: https://www.ihsk.de/publikationen/Ulrich_Oevermann-Manifest_der_objektiv_hermeneutischen_Sozialforschung.pdf

Pressecodex (o.J.). Abgerufen am 13. Dezember 2017 von: http://www.-presserat.de/pressekodex/pressekodex/

Tripp, F. (1967): Robbi, Tobbi und das Fliewatüüt. Stuttgart, Verlag K. Thienemann

Wernet, A. (2009): Einführung in die Interpretationstechnik der Objektiven Hermeneutik. Heidelberg, VS (3. Auflage)

BEI GRIN MACHT SICH IHR WISSEN BEZAHLT

- Wir veröffentlichen Ihre Hausarbeit, Bachelor- und Masterarbeit

- Ihr eigenes eBook und Buch - weltweit in allen wichtigen Shops

- Verdienen Sie an jedem Verkauf

Jetzt bei www.GRIN.com hochladen und kostenlos publizieren